BEI GRIN MACHT SICH
WISSEN BEZAHLT

- Wir veröffentlichen Ihre Hausarbeit,
  Bachelor- und Masterarbeit

- Ihr eigenes eBook und Buch -
  weltweit in allen wichtigen Shops

- Verdienen Sie an jedem Verkauf

Jetzt bei www.GRIN.com hochladen
und kostenlos publizieren

Gesine Liersch

Wie wirken die Massenmedien auf die Meinungsbildung von Individuen in sozialen Gruppen? - Vom Two-Step-Flow zur Netzwerktheorie

GRIN Verlag

Bibliografische Information der Deutschen Nationalbibliothek:

Die Deutsche Bibliothek verzeichnet diese Publikation in der Deutschen National-
bibliografie; detaillierte bibliografische Daten sind im Internet über http://dnb.d-
nb.de/ abrufbar.

Impressum:

Copyright © 2007 GRIN Verlag GmbH
Druck und Bindung: Books on Demand GmbH, Norderstedt Germany
ISBN: 978-3-656-52013-9

Dieses Buch bei GRIN:

http://www.grin.com/de/e-book/81523/wie-wirken-die-massenmedien-auf-die-
meinungsbildung-von-individuen-in-sozialen

GRIN - Your knowledge has value

Der GRIN Verlag publiziert seit 1998 wissenschaftliche Arbeiten von Studenten, Hochschullehrern und anderen Akademikern als eBook und gedrucktes Buch. Die Verlagswebsite www.grin.com ist die ideale Plattform zur Veröffentlichung von Hausarbeiten, Abschlussarbeiten, wissenschaftlichen Aufsätzen, Dissertationen und Fachbüchern.

Ernst-Moritz-Arndt Universität Greifswald

Institut für Deutsche Philologie

Lehrstuhl für Kommunikationswissenschaft

Grundkurs:

Mediennutzung und Medienwirkung

Wie wirken die Massenmedien auf die Meinungsbildung von Individuen in sozialen Gruppen?

Vom Two-Step-Flow zur Netzwerktheorie.

Fächer:

Politikwissenschaft, Kommunikationswissenschaft, General Studies

Bachelor of Arts

Sommersemester 2007, 4. Fachsemester

Gesine Liersch

Abgabetermin: 01.09.2007

Gliederung:

1. Einleitung

Die Macht der Medien ist heute in aller Munde. Massenmedien gelten als vierte Gewalt im Staat. Ihre Wirkung ist auch heute ein aktuelles und vieldiskutiertes Thema, wenn es Beispielsweise um Terrorismus oder andere Gewalttaten geht.

Die Kommunikationswissenschaft beschäftigt sich mit der indirekten, durch Massenmedien vermittelten, öffentlichen Kommunikation und den damit verbundenen Produktions-, Verarbeitungs- und Rezeptionsprozessen (vgl. DGPuk Selbstverständnispapier 2001: 3). Als ein Teilgebiet untersucht die Medienwirkungsforschung die Bedingungen von starker und schwacher Medienwirkung (vgl. Bonfadelli 2004: 11). Der Wirkungsbegriff umfasst alle Veränderungen des Handelns und Erlebens von Individuen, die auf Medien und deren Mitteilungen zurückzuführen sind (vgl. Bonfadelli 2004: 18). Dabei schwankte die Medienwirkungsforschung lange zwischen den Polen Allmacht und Ohnmacht der Medien (vgl. Bonfadelli 2004: 16).

Abbildung 1: Paradigmenwechsel in der Medienwirkungsforschung.

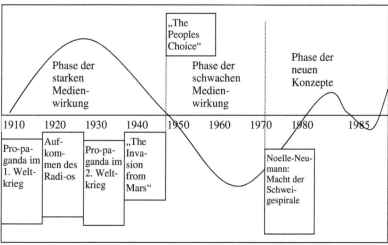

Quelle: Frei nach Donsbach 1991: 19.

In dieser Arbeit werden die kontextuellen Bedingungen der Massenmedienwirkung thematisiert. Die Rezeption von Medieninhalten findet in sozialen Gruppen statt. Soziale Kommunikation ist in der soziologischen Medienwirkungsforschung auf die interpersonale und Massenkommunikation beschränkt. Beide Formen sind eng miteinander verschränkt. Daher stellen sich die Fragen: Wie wirken Massenmedien auf die Meinungsbildung von Individuen in sozialen Gruppen, in denen interpersonale Kommunikation stattfindet? Wird der Rezipient direkt durch das Medium beeinflusst oder sind soziale Beziehungen entscheidend für dessen Wirkung? Die Forschungsfrage bezieht sich auf die Verschränkung von massenmedialer und interpersonaler Kommunikation. Die Hypothese lautet: Im Prozess individueller Meinungsbildung wirken die Massenmedien nur verstärkend, während die interpersonale Kommunikation in sozialen Netzwerken das eigentlich entscheidende Element darstellt. Daraus ergibt sich die Frage, welche Strukturen diese Netzwerke haben und in welche Richtungen der Einfluss geht.

Das Zusammenspiel von interpersonaler und Massenkommunikation wurde von einer Vielzahl von Wirkungsstudien untersucht und brachte zahlreiche Theoriekonzepte hervor. Die Hypothese des Zweistufenflusses der Kommunikation (Two-Step Flow of Communication) lieferte einen wichtigen und viel diskutierten Beitrag zum Thema der Massenmedienwirkung. Durch die Erie-Studie wurde erstmalig das Konzept der linear-kausal wirkenden Massenmedien in Frage gestellt. Es gibt demzufolge eine intervenierende Variable, den sozialen Kontext verbunden mit der Meinungsführerhypothese, die in den Prozess der Meinungsbildung eingreift und ihn beeinflusst. Diese klassische Hypothese wurde modifiziert und zu einem Multi-Step-Flow hin weiterentwickelt. Dieser wurde wieder modifiziert. Ich werde die Entwicklung anhand der Folgestudien nachzeichnen und anschließend auf den aktuellen Forschungsstand eingehen. Die Meinungsbildung in der modernen, globalisierten Informationsgesellschaft ist durch differenzierte Kommunikationsmodelle zu erfassen. Im ersten Schritt untersuche ich die Diffusionstheorie bezüglich ihrer Erkenntnisse im Zusammenhang mit dem Meinungsführerkonzept. Abschließend stelle ich die moderne Netzwerktheorie vor.

2. Der One-Step Flow of Communication

In den 20er und 30er Jahren war die amerikanische Gesellschaft von der Annahme allmächtiger Medien geprägt. Dazu trugen die erfolgreiche Propaganda im ersten Weltkrieg, die erfolgreiche Ausbreitung von Reklame und die neuen Medien Film und Hörfunk bei. Das bekannteste Beispiel ist Orson Wells' Buch „Krieg der Welten". Die Übertragung durch CBS als Hörspiel unter dem Titel „The Invasion from Mars" löste 1938 angeblich eine Massenpanik an der Ostküste der USA aus. Viele Hörer waren fest davon überzeugt, dass Außerirdische gelandet seien. Heutzutage ist diese Legende relativiert. Nur ein Bruchteil sei in echte Panik ausgebrochen (vgl. Jäckel 2002: 96-106).

Die Massenkommunikationsforschung ging zu dieser Zeit von einem mechanischen Stimulus-Response-Modell aus. Das Publikum war eine ‚Masse' voneinander isolierter (atomisierter), heterogener und anonymer Rezipienten, auf die die Massenmedien direkten Einfluss ausübten (vgl. Schenk 2002: 307).

Abbildung 2: Das Stimulus-Response-Modell.

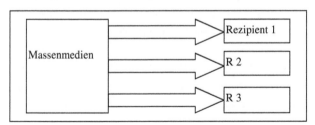

Quelle: Frei nach Schenk 2002: 307.

5

3. Medienwirkung auf Rezipienten in sozialen Gruppen

In der Kommunikationswissenschaft gibt es vor allem Theorien mittlerer Reichweite. Sie sind „… generell mit dem Anspruch verbunden, Aussagen nur über begrenzte Phänomene der Wirklichkeit zu treffen und diese immer wieder zu prüfen" (DGPuk 2001: 6). Schon frühzeitig gab es Hinweise darauf, dass die Rezipienten nicht als Masse zu betrachten sind (vgl. Schenk 2002: 307). Vielmehr sind „… individuelle Einstellungen, Meinungen und Verhaltensweisen in zwischenmenschlichen Beziehungen verankert …" (Schenk 2002: 308). Das sozialpsychologische Stimulus-Response-Modell wurde durch soziologische Ansätze abgelöst.

Das der soziologischen Forschung zugrunde liegende Menschenbild ist der Homo Sociologicus. Der Mensch hat durch seine Sozialisation Normen und Werte verinnerlicht. Und er weiß, dass die Gesellschaft ein bestimmtes Verhalten von ihm erwartet. Weicht er von dieser Norm ab, wird sein Verhalten sanktioniert. Außerdem schämt er sich bei unmoralischem Handeln. Es besteht eine soziale Interdependenz. Er ist auf andere Menschen angewiesen. Daher besteht ein hoher Abschreckungseffekt, der dazu führt, dass er sich entsprechend gesellschaftlichen Forderungen verhält. Der Mensch kann nicht anders handeln, als er es tut (vgl. Braun 1999: 41).

Paul Felix Lazarsfeld, Bernard Berelson und Hazel Gaudet wiesen bereits 1940 mit ihrer Wahlstudie „The People's Choice" den Einfluss von Gruppennormen auf die Meinungsbildung nach (vgl. Schenk 2002: 309).

3.1 „The People's Choice"

Ziel der Studie war es den Entscheidungsfindungsprozess während des Präsidentenwahlkampfes zwischen Roosevelt und Willkie von Mai bis November 1940 zu analysieren und die verschiedenen Einflüsse auf die Wahlentscheidung zu ermitteln (vgl. Lazarsfeld u.a. 1969: 14). Die Soziologen suchten dazu Erie County, Ohio als repräsentatives Gebiet des Wahlverhaltens aus. Die Gemeinde war übersichtlich und relativ homogen, die bisherigen Wahlergebnisse entsprachen den allgemeinen Wahltrends und es war ein Vergleich zwischen Stadt und Land möglich (vgl. Lazarsfeld u.a. 1969: 38).

Bis dahin war nie untersucht worden, „… wie sich das Wahlverhalten einer Person während eines Wahlkampfes von ihrer Einstellung vor Beginn der Kampagne über die Reaktionen auf den Propagandaschwall […] bis zur tatsächlichen Stimmabgabe am Wahltag entwickelt" (Lazarsfeld u.a. 1969: 36).

3.1.1 Forschungsdesign und Ablauf der Erie-Studie

Um diese Änderungen erfassen zu können, benutzte die Forschergruppe für ihre Längsschnittstudie die zu dieser Zeit neue Panelmethode. Bei dieser Methode werden mehrfach Interviews mit denselben Personen geführt (vgl. Lazarsfeld u.a. 1969: 36). Zu Beginn wurde jedes vierte Haus der Gemeinde von ausgebildeten Interviewern besucht. So wurden etwa 3.000 repräsentative Personen ermittelt, die in vier wieder repräsentativen ‚Samples' zu je 600 Personen geschichtet wurden. Nur das vierte ‚Sample' stellte die Untersuchungsgruppe dar. Die drei anderen wurden als Kontrollgruppe benutzt, um den möglichen verzerrenden Einfluss der Mehrfachinterviews auf das ‚Hauptpanel' untersuchen zu können (vgl. Lazarsfeld u.a. 1969: 38). Während die Kontrollgruppen nach der Gesamtbefragung im Mai nur jeweils einmal interviewt wurden (Juli, August, Oktober), wurde die vierte Gruppe während der sieben Monate einmal monatlich interviewt. Dieser Anstand entsprach „… dem natürlichen Ablauf des Wahlkampfs …" (Lazarsfeld u.a. 1969: 38). Die letzten Interviews wurden kurz vor und nach der Abstimmung geführt (vgl. Lazarsfeld u.a. 1969: 38).

3.1.2 Ergebnisse der Studie

Die Auswertung des Hauptpanels ergab zwei Gruppen zu je 50 %: Die ‚Wechsler', die ihre Meinung mindestens einmal änderten, und die ‚Beständigen'. Bei den ‚Wechslern' ließen sich drei Haupttypen unterscheiden: Parteiwechsler, Schwankende, Kristallisierer. Die 28 % Kristallisierer hatten im Mai noch keine Wahlabsicht, entschieden sich aber später für die Republikaner (14 %) oder für die Demokraten (14 %). Die 15 % Schwankenden hatten im Mai eine Wahlabsicht, wechselten zwischendurch zum anderen Kandidaten oder zu ‚Weiß nicht' und kehrten schließlich zu ihrer Wahlabsicht zurück. Die 8 % Parteiwechsler waren anfangs von einer Partei überzeugt, stimmten aber für die andere Partei (vgl. Lazarsfeld u.a. 1969: 102-103).

Die Gruppe der ‚Wechsler' wurde durch Sonderinterviews weiter untersucht, um zu erfahren, warum sie ihre Meinung änderten (vgl. Lazarsfeld u.a. 1969: 32). „Während unserer Untersuchung fanden wir wiederholt Hinweise dafür, daß ‚in Gruppen' gewählt wurde" (Lazarsfeld u.a. 1969: 176). Dieses Ergebnis erklärten die Forscher mit einem Index der politischen Prädisposition (IPP) aus sozioökonomischer Schicht, Konfessionszugehörigkeit und Wohnort (ländlich, städtisch) (vgl. Lazarsfeld u.a. 1969: 177). Die drei Faktoren beeinflussten signifikant das Wahlverhalten (vgl. Lazarsfeld u.a. 1969: 60-61). Es konnte festgestellt werden, dass sich ‚echte' Meinungsänderungen höchst selten einstellten, sondern dass die Prädisposition häufiger aktiviert wurde (vgl. Lazarsfeld u.a. 1969: 142).

Die Massenmedial-Propaganda erzeugte einen Verstärker- und Aktivierungseffekt. Rundfunk und Zeitungen brachten „… die politische Prädisposition des Wählers ans Licht [...] Sie wandelte die latente politische Neigung in eine manifeste Stimmabgabe um" (Lazarsfeld u.a. 1969: 112). Zunehmende Propaganda verstärkte das Interesse am Wahlkampf, was zu einer stärkeren Aufmerksamkeit und dann zu einer größeren Aufgeschlossenheit gegenüber der Propaganda führte. In diesem Moment begann der interessierte Wähler selektiv aus dem Angebot auszuwählen (vgl. Lazarsfeld u.a. 1969: 112-113). Die Parteiargumente „… verstärkten Bestätigung, Orientierung und Konsolidierung der ursprünglichen Entscheidung" (Lazarsfeld u.a. 1969: 130) indem sie den inneren Meinungskonflikt verringerten, nur bestimmte Meinungen untermauerten und die parteiische Einstellung verfestigten (vgl. Lazarsfeld u.a. 1969: 130). Letztlich bestimmt also die Prädisposition die Wahlentscheidung (vgl. Lazarsfeld u.a. 1969: 113).

Personen mit ähnlicher Prädisposition leben häufiger in engem Kontakt miteinander und ihre Gruppen sind relativ homogen (vgl. Lazarsfeld u.a. 1969: 177-178). Dabei beeinflussen sich die Gruppenmitglieder wechselseitig (vgl. Lazarsfeld u.a. 1969: 180). Damit bewies die Wahlstudie, dass persönliche Kontakte die wichtigste Ursache für den Meinungswechsel waren (vgl. Lazarsfeld u.a. 1969: 18). Menschen wählen nicht nur mit ihrer Primärgruppe, sondern auch für sie (vgl. Lazarsfeld u.a. 1969: 188). Daher sind auch Meinungsänderungen auf entgegengesetzte Einflüsse unterschiedlicher Gruppen zurückzuführen (vgl. Lazarsfeld u.a. 1969: 97-98).

Die ‚soziale Gruppe' besteht nun ebenfalls aus Individuen. Daher stellte sich die Frage: „Durch welche Mechanismen und Prozesse entwickelt die Gruppe gemeinsame Einstellungen" (Lazarsfeld u.a. 1969: 28)? Sie fanden heraus, dass es Meinungsführer (opinion leader) in der Gruppe gab, die zwischen den Massenmedien und den Meinungsfolgern (opinion followers) vermittelten (vgl. Lazarsfeld u.a. 1969: 28). Die ‚Macht' in der Gruppe war nicht gleich verteilt. Diese Erkenntnis erschütterte das bisherige Stimulus-Response-Modell.

3.1.3 Die Meinungsführer und der Zweistufenfluss der Kommunikation

Die Meinungsführer wurden über zwei Selbsteinschätzungsfragen identifiziert: „Haben sie neulich versucht, irgend jemand von Ihren politischen Ideen zu überzeugen? Hat neulich irgend jemand Sie um Rat über ein politisches Problem gebeten?" (Lazarsfeld u.a. 1969: 85). 21 % des Hauptpanels antwortete auf mindestens eine Frage mit ‚Ja'. Diese Personen galten als Meinungsführer (vgl. Lazarsfeld u.a. 1969: 85).

Diese Personen nahmen am intensivsten am Wahlkampf teil. Sie interessierten sich stärker und nutzen vermehrt die Massenmedien, „… reagierten also in jeder Hinsicht am stärksten auf den Wahlkampf" (Lazarsfeld u.a. 1969: 87). Überraschend war für die Forscher, dass sich Meinungsführer in allen sozialen Schichten fanden (vgl. Lazarsfeld u.a. 1969: 85). Dort beeinflussten sie horizontal und nicht vertikal (vgl. Lazarsfeld u.a. 1969: 31).

Die Meinungsführer gaben an, „… daß die Massenmedien ihre Entscheidung stärker beeinflußt hätten als persönliche Beziehungen" (Lazarsfeld u.a. 1969: 191). Daraus wurde der Zweistufenfluss der Kommunikation abgeleitet. Demnach fließen die Ideen von den Massenmedien zu den Meinungsführern und erst von diesen zu den weniger aktiven Meinungsfolgern (vgl. Lazarsfeld u.a. 1969: 191).

Abbildung 2: Der Zweistufenfluss der Kommunikation.

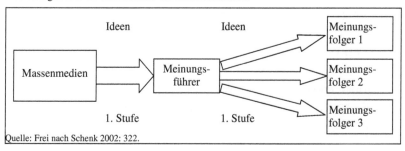

Quelle: Frei nach Schenk 2002: 322.

Zusammenfassend kann festgestellt werden: Interpersonale Kommunikation beeinflusst die Wahlentscheidung stärker als die Massenmedien. „Die meisten [Personen] erwerben ihre Informationen und Vorstellungen […] durch persönliche Kontakte mit den Meinungsführern ihrer Gruppe, die sich ihrerseits den Massenmedien relativ öfter als andere aussetzen" (Lazarsfeld u.a. 1969: 28).

3.1.4 Die Vorteile interpersonaler Kommunikation

Persönliche Beziehungen haben fünf Vorteile, die zur politischen Homogenität der Gruppe führen und damit den Weg für die Meinungsführer frei machen.

1. Persönliche Kontakte sind zweckfrei. Weil man oft nicht absichtlich über Politik diskutiert, ist das Kommunikationsverhalten weniger selektiv als bei den Massenmedien. Da der persönliche Einfluss weniger frei gewählt werden kann und man nicht von Überredungsabsichten ausgeht, ist der Einfluss größer. Entgegengesetzte Einflüsse dringen leichter durch (vgl. Lazarsfeld u.a. 1969: 192-193).

2. Face-to-Face Kommunikation ist flexibler als massenmediale. Der unmittelbare Kontakt verringert Widerstände gegen Meinungen, weil reziprok und zielgerichtet auf das Verhalten des Anderen reagiert werden kann (vgl. Lazarsfeld u.a. 1969: 193-194).

3. In sozialen Gruppen wird abweichendes Verhalten sofort bestraft und die Akzeptanz der Gruppenmeinung umgehend belohnt. Diese Sanktionen und Anreize werden in der frühen Kindheit erlernt. Formalen Medien fehlt dieser Mechanismus (vgl. Lazarsfeld u.a. 1969: 194-195).

4. Menschen vertrauen Personen mit demselben Staus und gleichen Interessen eher als nicht personifizierten Argumenten der Massenmedien. Die Standpunkte bekannter Menschen sind glaubwürdiger (vgl. Lazarsfeld u.a. 1969: 196).

5. Interpersonale Beziehungen schaffen es, dass für die Freunde abgestimmt wird. „Es gab mehrere klare Fälle von Wahlverhalten, wo nicht aufgrund der Wahlkampfthemen oder der Persönlichkeit der Kandidaten abgestimmt wurde" (Lazarsfeld u.a. 1969: 197).

Unmittelbare Kontakte wirken stärker als unpersönliche Massenmedien. „Vor allem Menschen können also andere Menschen zu einer Entscheidung zu bewegen (Lazarsfeld u.a. 1969: 199).

3.1.5 Kritik am Zweistufenfluss-Modell

Das Meinungsführerkonzept war fruchtbar, weil es zahlreiche weitere Untersuchungen zur Folge hatte. Diese versuchten vor allem die methodischen und konzeptuellen Probleme zu beheben. Die Diffusionsforschung, auf die später eingegangen wird, kritisierte die Vermischung von Information und Beeinflussung (vgl. Bonfadelli 2004: 147-148). Die Forschergruppe erkannte selbst einige methodische Fehler ihrer Studie. Da das Sample zufällig ausgesucht wurde, konnten keine Aussagen über den Gesamtprozess gemacht werden. Zudem wurden die Beziehungen zwischen Meinungsführern und – folgern nicht durch Kontrollinterviews untersucht (vgl. Lazarsfeld u.a. 1969: 32-33). Daher wurde das Zweistufenflusskonzept nicht wirklich gemessen, sondern nur die Abwesenheit eines Einstufenflusses (vgl. Schenk 2002: 329). Es konnten auch keine Aussagen über die wechselseitige Beeinflussung gemacht werden (vgl. Bonfadelli 2004: 148).

Ein weiteres Problem war das Selbsteinschätzungsverfahren. Es wurden von vornherein nur Führer und Folger identifiziert. Die Nicht-Wähler wurden aus dem Modell ausgeklammert. Sie hatten demnach kaum soziale Kontakte und interessierten sich nicht für den Wahlkampf (vgl. Lazarsfeld u.a. 1969: 80-83). Nach neueren Erkenntnissen wird gerade diese Gruppe stark von den Massenmedien beeinflusst (vgl. Bonfadelli 2004: 148). Die Folgestudien zogen auch das Konzept des ‚opinion sharing' sowohl zwischen Meinungsführern als auch den Meinungsfolgern in Betracht.

Letztlich zeigte sich die Zweistufenflusshypothese „… als nachträgliche Erklärung von empirischen Befunden und nicht als Hypothesenbündel, das in der Erie-Studie gezielt überprüft wurde …" (Bonfadelli 2004: 148).

4. Die Folgestudien

Dies lag vielleicht daran, dass die Panelmethode noch neu war und die Forscher selbst nicht mit diesen Ergebnissen gerechnet hatten. Nach der Wahlstudie konnte das Meinungsführerkonzept durch Folgestudien differenziert und in Richtung eines Mehrstufenflusses (Multi-Step-Flow) weiterentwickelt werden. Im Folgenden werden die drei wichtigsten Studien behandelt.

4.1 Die Rovere-Studie

Mit der Rovere-Studie wollte Merton mehr Erkenntnisse über die Richtung des interpersonalen Einflusses und die Eigenschaften der Meinungsführer sammeln. Er suchte dazu im amerikanischen Bundesstaat New Jersey eine Stadt mit 11.000 Bürgern aus. Diese Kleinstadt wurde fiktiv Rovere genannt. Dort wurde eine kleine Stichprobe von 86 Personen danach befragt, wer sie beeinflusst. Im Gegensatz zur Erie-Studie wurden die Meinungsführer mindestens viermal genannt und durch Fremdeinschätzung ermittelt. Die Hälfte der so ermittelten Meinungsführer wurde anschließend eingehender befragt (vgl. Schenk 2002: 323).

Das Meinungsführerkonzept konnte differenziert werden, denn es fanden sich zwei Typen von Beeinflussern: *Locals* und *Cosmopolitans*. Die *Locals* interessierten sich vor allem für die Stadt und die speziellen Probleme der Gemeinschaft. Sie stammten meist aus der Stadt oder der näheren Umgebung und beteiligten sich in vielen freiwilligen Organisationen. Die ‚Einheimischen' waren daher stärker in Primärgruppen eingegliedert als die *Cosmopolitans*. Deren Bezugsrahmen lag eher außerhalb der Stadt. Sie interessierten sich für überregionale, nationale und internationale Probleme (vgl. Eisenstein 1994: 131). Dies ist nicht weiter verwunderlich, da sie meist nicht aus der Umgebung stammten. Die ‚Weltbürger' lebten in kleineren sozialen Gruppen. Diese wählten sie sorgfältig nach gleichem Status aus. Sie schlossen sich auch eher Gruppen mit speziellen Interessen an (vgl. Schenk 2002: 323).

Beide Typen von Meinungsführern setzten sich stärker als die Folger den Massenmedien aus. Die *Locals* beschränkten sich auch hier auf die örtliche Presse, während die *Cosmopolitans* überregionale und nationale Massenmedien nutzten. Die ‚Weltbürger' galten auf einem Gebiet als Experten, auf diesem übten sie Einfluss auf Meinungsfolger aus (‚Monomorphic'). Im Gegensatz dazu übten die ‚Einheimischen' auf vielen Gebieten Einfluss aus (‚Polymorphic') (vgl. Schenk 2002: 323).

Da sich die Forscher auf die Lokalisierung der Meinungsführer konzentrierten, wurden diesbezüglich neue Erkenntnisse gesammelt, jedoch wurden wieder nicht die Beziehungen zueinander untersucht (vgl. Schenk 2002: 323-324). Trotzdem muss die Studie als Fortschritt gesehen werden. Die moderne Metzwerktheorie wird den Typ der ‚Weltbürger' als Mittler zwischen den Primärgruppen weiter behandeln.

4.2 Die Decatur-Studie

Mit der Decatur-Studie konnten Lazarsfeld und Katz ihren Plan umsetzen, die Beziehungen zwischen den Befragten zu untersuchen. Daraus ergab sich der *Multi-Step-Flow of Communication*. Außerdem wurden Erkenntnisse über die Inhalte der Einflussgebiete von Meinungsführern gesammelt.

Die Studie wurde 1945/1946 in Decatur (60.000 Einwohner), Illinois durchgeführt (vgl. Schenk 2002: 324). Die zufällige Stichprobe enthielt 800 Hausfrauen, die auf ihre Entscheidungen und Einflüsse bezüglich der Bereiche Konsumverhalten, Mode, Kinobesuche und öffentliche Angelegenheiten (Lokalpolitik) hin befragt wurden (vgl. Eisenstein 1994: 137). Wie in „The Peoples Choice" wurden die Meinungsführer durch das Selbsteinschätzungsverfahren ermittelt. Daran schloss sich das Schneeballverfahren an. Personen, bei denen von anderen Hausfrauen angegeben wurden, sie um Rat zu fragen, wurden interviewt. Diese Personen mussten im zweiten Schritt angeben, wen sie beraten hatten, wodurch die Validität des Verfahrens stieg. Durch Kontrollinterviews konnte die Zuverlässigkeit des Verfahrens ermittelt werden. Diese betrug aber nur 54 % (vgl. Schenk 2002: 324). Diese Problematik ist darauf zurückzuführen, dass es sich nicht um eine Methode der Wahrscheinlichkeitsauswahl handelt. Die Meinungsführer werden nicht zufällig ermittelt. Ihre Auswahlwahrscheinlichkeit lässt sich nicht angeben (vgl. Diekmann 2005: 346-347).

Wie die Erie-Studie bestätigte auch die Decatur-Studie, dass interpersonale Kommunikation wirksamer als Massenkommunikation ist. Die Meinungsführer nutzen die Massenmedien stärker, vor allem die, welche ihr spezielles Interessengebiet betrafen. Damit bestätigten Larzarsfeld und Katz die Ergebnisse der Rovere-Studie und untermauerten die Zweistufenflusshypothese (vgl. Schenk 2002: 325).

Anschließend wollte das Forscherteam die Meinungsführer durch die Kriterien Lebenszyklus, sozioökonomischer Status und Geselligkeit weiter differenzieren. Das Merkmal Lebenszyklus war in den Bereichen Mode, Kinobesuch und Konsumverhalten bedeutend. Beim Konsum wurden Hausfrauen mit großen Familien eher um Rat gefragt, während in den Bereichen Mode und Kino vor allem junge, unverheiratete Frauen einflussreich waren. In der Lokalpolitik wurde eher Frauen mit einem hohen sozioökonomischen Status vertraut. Alle Meinungsfolger nannten Geselligkeit als wichtige Eigenschaft, außer im Bereich Kino (vgl. Schenk 2002: 325). Es zeigte sich, dass die Meinungsführerschaft auf einen Bereich beschränkt war (‚Monomorphic'). Die Erhebungen wurden wegen fehlender Signifikanzprüfung kritisiert (vgl. Schenk 2002: 324). Es gibt Überschneidungen der Einflusskriterien, die die Annahme des ‚monomorphen' Einflusses nicht bestätigen. Überschneidungen sind häufig, wenn die Einflussnahme „... nicht auf funktionaler, sondern auf charismatischer Autorität, sowie kommunikativer Kompetenz basiert ..." (Eisenstein 1994: 141). Die Meinungsführer konnten nicht definitiv ermittelt werde. Eindeutige Hierarchien lassen sich nur in den Massenmedien ausmachen (vgl. Eisenstein 1994: 255-261).

Trotzdem wurde das Modell erfolgreich weiterentwickelt. Die Spezialisierung auf einen Bereich ergab zusätzlich zu dem Ergebnis, dass auch Meinungsführer andere Personen als Einflussquelle nannten, den Mehrstufenfluss der Kommunikation. Meinungsführer beeinflussten sich wechselseitig (vgl. Eisenstein 1994: 143). Meinungsführer mit höherem sozialem Status konnten Meinungsführer mit niedrigerem Status beeinflussen. In „The Peoples Choice" wurde die Macht des höheren Ansehens mit der damit erhöhten Glaubwürdigkeit erklärt (vgl. Lazarsfeld u.a. 1969: 196-197). Durch die Decatur-Studie wurde dieser Gedanke zu Ende gedacht. Eine vertikale Beeinflussung der Meinungsführer mit geringerem Prestige war möglich.

Abbildung 3: Der Multi-Step-Flow of Communication.

Quelle: Frei nach Schenk 2002: 326

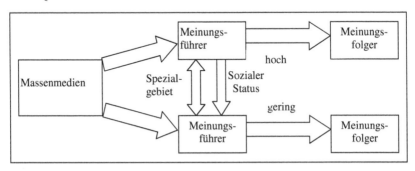

Zusätzlich zeigte sich, dass die auch die Umwelt auf die sozialen Gruppen wirkte. Durch Industrialisierung und Verstädterung stiegen vor allem junge Leute zu Meinungsführern auf (vgl. Schenk 2002: 326).

4.3 Die Drug-Studie

In den 50er Jahren untersuchten Diffusionsstudien zum ersten Mal wirklich die Einflussketten zwischen den Menschen durch die Verbreitung von Innovationen. Als eine Innovation kann „Eine Idee, ein Verfahren oder ein Produkt [...] betrachtet werden, wenn Individuen, eine Gruppe, oder ein Subsystem der Gesellschaft sie als neu wahrnehmen" (Eisenstein 1994: 100). Untersucht wurde der Prozess der Kommunikation einer Information durch Kommunikationskanäle (Face-to-Face vs. massenmedial) im Zeitverlauf (Diffusionsgeschwindigkeit) an die Mitglieder sozialer Gruppen (vgl. Eisenstein 1994: 102). Die Diffusionsgeschwindigkeit wird bestimmt durch den Zeitpunkt der Wahrnehmung einer Innovation und der freiwillige Übernahme (Adoption) dieser. Das aggregierte Ergebnis von Adoptionsentscheidungen wird als Diffusion bezeichnet (vgl. Schenk 2002: 377).

Der Innovationsprozess beschäftigt sich nicht nur mit der Informationsverarbeitung, sondern untersucht welche Faktoren die Übernahme einer Innovation beeinflussen (vgl. Bonfadelli 2004: 151). Der Adoptionsprozess besteht aus den Phasen: I Wissen über die Existenz einer Innovation, II Persuasion (individuelle Einstellungsbildung), III Entscheidung (Annahme oder Ablehnung der Innovation), IV Bestätigung: Bestätigungssuche für die Entscheidung. Eventuelles Rückgängigmachen der Entscheidung bei dissonanten oder negativen Erfahrungen. Fortsetzung bei konsonanten oder positiven Rückmeldungen (vgl. Schenk 2002: 378).

Abbildung 4: Der Adoptionsprozess nach Rogers/ Shoemaker.

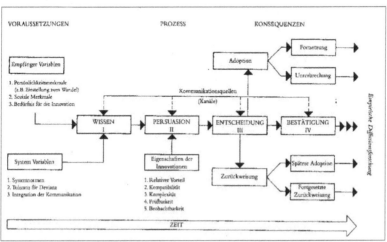

Quelle: Schenk 2002: 379.

Die Drug-Studien untersuchten den Diffusionsprozess, indem nahezu alle Ärzte aus einigen mittelgroßen Städten danach befragt wurden, was sie veranlasste, ein neues Medikament zu verschreiben. Dazu wendeten sie die soziometrische Methode an, ein Vorläufer der modernen Netzwerkanalyse. Es wurden zwei Untersuchungen mit gleichem Ablauf durchgeführt. Eine von Katz und Menzel, die andere von Coleman, Katz und Menzel. Die Ärzte wurden nach ihren sozialen Beziehungen befragt. „Man bat die Ärzte, die Namen dreier Kollegen zu nennen, die sie häufiger trafen, mit denen sie über Krankheitsfälle diskutierten und deren Information und Rat sie öfters suchten" (Schenk 2002: 326). Die Beziehungsstruktur wurde in einem Soziogramm abgebildet, welches die Ärzte als Knoten und die Beziehungswahlen als Verbindungen zwischen den Knoten zeigt. Durch dieses Verfahren konnten alle Meinungsführer und alle Gefolgsleute erfasst werden.

Abbildung 5: Soziogramm der befragten Ärzte.

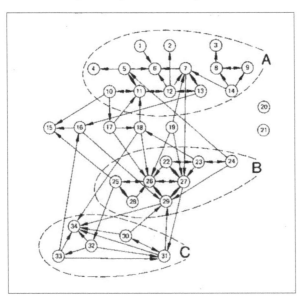

Quelle: Schenk 2002: 328.

Die Forschergruppe um Katz hatte zudem den Zeitpunkt der Adaption der Innovation anhand der Rezepteingänge in den örtlichen Apotheken gemessen.

Es stellte sich ein deutlicher Zusammenhang zwischen der Verbundenheit der Ärzte miteinander und dem Übernahmezeitpunkt heraus. Je integrierter ein Arzt war, desto mehr Einfluss übte er auf seine Bezugsgruppe aus, denn die anderen Ärzte verschrieben kurz darauf auch das neue Medikament. Die integrierten Ärzte wurden als Meinungsführer angesehen. Wie in den bisherigen Studien bestätigte sich, dass diese besonders interessiert und informiert waren. Bei der Studie mit Coleman erwiesen sich die Innovatoren als identisch mit den Meinungsführer, in der anderen Studie jedoch nicht. Dafür konnten die Forscher keine Erklärung liefern (vgl. Schenk 2002: 327). Wie in der Decatur-Studie suchten die Meinungsführer Rat bei anderen Ärzten und Experten, um sich eine Meinung zu bilden. Diese Interaktionen nahmen proportional zur eigenen Unsicherheit zu (vgl. Schenk 2002: 327). Insgesamt bestätigte sich damit der Multi-Step-Flow of Communication.

4.4 Zusammenfassung

Die Arbeiten zum Meinungsführerkonzept machen deutlich, dass die Massenmedien einen geringeren Einfluss auf die Meinungsbildung, die Einstellung und das Handeln der Rezipienten haben, als Meinungsführer. Diese sind Spezialisten auf einem oder wenigen Gebieten, auf die sie Wirkung ausüben. Hierarchische Beziehungen ließen sich innerhalb der schichtspezifischen, homogenen Primärgruppe nicht nachweisen. Meinungsführer und Gefolgsleute können aber vertikalen Einflüssen außerhalb der Gruppe ausgesetzt sein. Die Umwelt beeinflusst zudem die Rollenverteilung innerhalb der Gruppe. Meinungsführer verbinden ihre Gruppe mit der Umwelt, weil sie geselliger, interessierter und so informierter sind. Ihre Informationen beziehen sie nicht nur aus den Massenmedien, sondern auch von anderen Meinungsführern. In diesem Fall gelangt der Einfluss der Massenmedien ,vorsortiert' über mehrere Schritte zu den Folgern. Damit sind die ersten Fragen beantwortet. Die Empfänglichkeit der Rezipienten für die Botschaften der Massenmedien wird durch die Meinungsführer in der Primärgruppe bestimmt. Massenmedien können nur verstärkend wirken. Der Two-Step-, sowie der Multi-Step-Flow of Communication verbindet durch Meinungsführer die Massen- mit der Interpersonalen Kommunikation. Den Einfluss der Meinungsführer und die Richtung der Beeinflussung wurden durch die Diffusionsstudie von Deutschman und Danielson 1960 weiter geprüft. Sie bezweifelten die Gültigkeit der Ergebnisse, da nicht zwischen Information und Beeinflussung getrennt wurde (vgl. Schenk 2002: 329).

5. Weitere Modifikationen des Meinungsführerkonzepts

5.1 Die Diffusionsstudien

Um diese Mängel auszugleichen wurde der reine Verbreitungsprozess untersucht (vgl. Schenk 2002: 330). Deutschman und Danielson gelangten zu drei Hypothesen, welche die Relaisfunktion der Meinungsführer hinterfragten:

1. Informationen über wichtige Ereignisse gelangen direkt zur Bevölkerung.
2. Anschließend sprechen die Menschen über die wichtigsten Botschaften der Massenmedien.
3. Erst auf dieser Stufe schalten sich die Meinungsführer ein und geben zusätzliche Informationen. Die Relaisfunktion wirkt nur ergänzend (vgl. Schenk 2002: 331).

Die Forscher Hill und Bonjean verglichen diese und andere Ergebnisse von Diffusionsstudien mit ihrer eigenen und kamen zu einem gegensätzlichen Schluss.

1. Interpersonale Kommunikation ist umso wichtiger, je größer der Nachrichtenwert (Wichtigkeit) eines Ereignisses ist.
2. Je wichtiger das Ereignis ist, desto schneller ist der Diffusionsprozess.
3. Der persönliche Tagesablauf bestimmt die Bedeutung des Massenmediums, da die individuelle Medienpräferenz abhängig vom gewohnheitsmäßigen Kommunikationsverhalten ist.
4. Je höher der Nachrichtenwert ist, desto geringer werden die sozioökonomischen Schichtunterschiede der Mediennutzung. Sie gleichen sich an (vgl. Schenk 2002: 332).

Budd bestätigte mit seiner Studie die ersten beiden Annahmen Hills und Bonjeans. Die Abhängigkeit der Medienbedeutung von der Alltagsroutine konnte weniger gut bestätigt werden. Bezüglich der vierten Hypothese kam er zu einem anderen Ergebnis (vgl. Schenk 2002: 332-333). Die besser Gebildeten nahmen wichtige Ereignisse rascher war und lernten schneller aus ihnen[1]

Greenbergs Erkenntnisse vermitteln zwischen den unterschiedlichen Ergebnissen. Interpersonale Kommunikation ist besonders wichtig bei Ereignissen mit sehr hohem und sehr geringem Nachrichtenwert. Insgesamt dominieren aber die Massenmedien. Sie stellen die wichtigste Informationsquelle dar, auch bei wichtigen Nachrichten. Spitz sich die Lage zu, z.B. bei Katastrophen, werden interpersonale und Massenkommunikation gleichbedeutend (vgl. Schenk 2002: 333-334).

---

[1] Vergleiche dazu ausführlich die „Knowledge-Gap"-Hypothese. Bonfadelli 2004: 252-261.

Mit der Einführung des Fernsehens (mit Video- und Bildschirmtext) und anderer neuer Medien (DVD, MP3, CD-ROM, WWW, E-Mail) sind Informationen in unserer heutigen Wissensgesellschaft nahezu jedem zugänglich (vgl. Lerche 2007). Während Massenmedien vor allem die Aufmerksamkeit wecken und Wissen vermitteln, ist die interpersonale Kommunikation wichtig im Persuasions-/ Überzeugungs- und Entscheidungsprozess (vgl. Bonfadelli 2004: 151). Im Persuasionsprozess üben die Meinungsführer auf der zweiten Stufe Einfluss aus. Hier bestätigen sich die bisherigen Modelle.

5.2 Der Persuaionsprozess

Troldahl und van Dam führten 1965 die Detroit-Studie durch. Aus einer Stichprobe von 202 Personen wählten sie die Personen aus, die mindestens drei wichtige Neuigkeiten nennen konnten. Diese sollten dann auf zwei Schlüsselfragen antworten:

1. „1. Have you asked anyone for his or her opinion on any of these topics during the past week or two?
2. During the past week or two [...] has anyone asked you for your opinions on any of these topics in the news" (vgl. Troldahl/ Van Dam 1965: 627).
3. Personen die mit ja antworteten wurden als ‚Opinion Askers' bzw. ‚Opinion Givers' eingeordnet. Als ‚Opinion Givers' galten außerdem die Personen, die beide Fragen mit ja beantworteten. Die neue Bezeichnung sollte die veränderten Kommunikationsrollen zeigen (vgl. Troldahl/ Van Dam 1965: 628).

Die wichtigste Erkenntnis war, dass ‚Askers' und ‚Givers' ihre Kommunikationsrollen oft tauschten (‚Opinion Sharing'). „In three fourths of the conversation, the follow-up respondent reported that both parties to the conversation asked the other for his opinions on the topic under discussion" (Troldahl/ Van Dam 1965: 629).

Daher konnten zwischen den beiden Typen auch kaum Unterschiede bezüglich der Merkmale Medienaufnahme, Informationsniveau, sozioökonomischer Status, Geselligkeit und selbst eingeschätzter Meinungsführerschaft festgestellt werden (vgl. Schenk 2002: 342).

5.2.1 Die ‚Inaktiven'

Die ‚Meinungsaustauscher' machten nur etwa ein drittel des Samples aus. In der Detroit-Studie gab es 63 % ‚Inaktive'. Sie zeichneten sich durch geringe Geselligkeit, dafür aber hohe Medienaufnahme aus, wohl um die fehlenden Sozialkontakte zu kompensieren (vgl. Eisenstein 1994: 171). Die ‚Inaktiven' wiesen bei allen erfassten Merkmalen, bis auf die Mediennutzung, schlechtere Werte auf und kommunizierten insgesamt weniger mit anderen (vgl. Troldahl/ Van Dam 1965: 632). In den bisherigen Studien wurde diese Gruppe nicht erfasst, was zu verzerrten Ergebnissen geführt haben könnte (vgl. Schenk 2002: 342). Möglicherweise war die Zweistufenflusshypothese nur darauf zurückzuführen (vgl. Troldahl/ Van Dam 1965: 634).

5.2.2 Die Modifikationen der Zweistufenflusshypothese

Weitere Studien belegten die Erkenntnisse Troldahls und Van Dams (vgl. Schenk 2002: 342-344). Insgesamt ergeben sich vier Modifikationen des Zweistufenflusses:

1. Der erste Teil der Zweistufenflusshypothese bestätigt sich nicht. Informationen gelangen direkt zu allen Personengruppen.

2. Der zweite Teil bestätigt sich. Interpersonale Kommunikation ist im Beeinflussungsprozess wichtiger und wirksamer. Die Beeinflussung ist allerdings differenzierter als bisher angenommen.

3. Die Meinungsgeber und –empfänger tauschen ihre Rollen, wenn sie ihre Meinung zum wechselseitigen Vorteil teilen. Dann interagieren sie in der zweiten Stufe miteinander, um erhaltene Informationen zu bewerten, Inkonsistenzen bezüglich ihrer Prädisposition abzubauen und ihr Handeln neuen Umwelten anzupassen. Ist der Tauschprozess nicht zum beiderseitigen Vorteil, dann verläuft der Beeinflussungsprozess einseitig von den ‚Gebern' zu den ‚Empfängern'.

4. Die wenig integrierten ‚Inaktiven' wurden auch auf der zweiten Stufe stark von den Massenmedien beeinflusst.

Abbildung 6: Revidierte Stufenkonzeption.

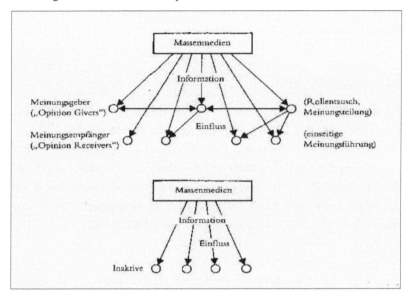

Quelle: Schenk 2002: 344.

5.3 Die virtuellen Meinungsführer

Das Kommunikationsmodell wird durch die virtuellen Meinungsführer vervollständigt (vgl. Eisenstein 1994: 164-166). Es gibt einen erheblichen Anteil der Bevölkerung, der seine Meinung an der Meinung prominenter Personen festmacht, die er aus den Medien kennt. Wie bei den realen Meinungsführern erscheinen diese als besonders glaubwürdig. Bei den Politikern ist der Bundespräsident a.D. Richard von Weizsäcker besonders glaubwürdig, unter den Journalisten ist es Hans Joachim Friedrichs, ehemaliger ARD-Tagesschau Sprecher. Besonders die ‚Inaktiven' werden durch diese Meinungsführer beeinflusst. Im Gegensatz zu den realen, sind die virtuellen Meinungsführern ‚generalisierte Meinungsführer'. Aufgrund ihrer Prominenz und Glaubwürdigkeit wird ihnen ein Expertenstatus zugesprochen.

In der heutigen individualisierten Gesellschaft kommt den virtuellen Meinungsführern eine sehr große Bedeutung zu. Umso mehr sich althergebrachte Sozialstrukturen auflösen, umso mehr Einfluss üben die virtuellen Meinungsführer und mit ihnen die Massenmedien aus (vgl. Merten u.a. 1994: 317).

5.4 Die Netzwerktheorie

Die starke Wirkung der Massenmedien wird auch von der Netzwerktheorie bestätigt. Die Netzwerktheorie macht die interpersonale Kommunikation, die als Informationskanal und Einflussweg dient, zum Untersuchungsgegenstand. Frühere Studien verwehrten tiefe Einblicke in die Strukturzusammenhänge durch die Randomisierung. Die Netzwerktheorie kann vom Individuum ausgehen und dessen persönliche Netzwerke erfassen, oder, wie in den Drug-Studien, das gesamte Beziehungsgeflecht eines Systems erfassen (vgl. Schenk 2002: 355-356).

Bei diesem umfassenden Ansatz werden in der Regel verschiedene Cliquen mit primärgruppenhaftem Charakter festgestellt. Über die Systemintegration der Cliquen informieren die ,Marginalen', die als ,Brücken' fungieren. Die ,Marginalen' sind in der Netzwerktheorie ebenso wichtig wie die Meinungsführer. Meinungsführer sind durch ihre soziale Integration dazu in der Lage die Vorreiterrolle für die Adoption von Innovationen zu übernehmen. Wenn sie die Innovation als risikoreich betrachten, weil das Übernahmepotenzial gering eingeschätzt wird, halten sich Meinungsführer zurück. Die ,Marginalen' stehen nicht in dem Zwang, für die Gruppe entscheiden zu müssen, weil sie eher isoliert und am Rand der Clique angesiedelt sind. Dadurch können sie manchmal erst später die Innovation beurteilen, allerdings sind sie die eigentlichen Innovatoren. Die ,Marginalen' entscheiden aufgrund persönlicher Beurteilungen oder der Massenkommunikation und sie kommunizieren mit Personen außerhalb des Systems bzw. der Gruppe (vgl. Schenk 2002: 356-357).

Zwischen den Gruppen ist die Kommunikation heterogen, d.h. die Verständigung ist durch Barrieren begrenzt und gelingt nur über die ,Marginalen'. Homophile Kommunikation innerhalb der Clique ist effizient, weil ein gemeinsamer Code (homogene Einstellungen) zu wenigen Verständigungsstörungen führt. Die Diffusion neuer Ideen wird aber gerade dadurch behindert.

Aus der individuellen Perspektive lassen sich starke (‚Strong') und schwache soziale Relationen (‚Weak Ties') ausmachen. ‚Weak Ties' bestehen zu Bekannten, während als Beispiel für ‚Strong Ties' Familien-, Freundschafts-, oder Liebesbeziehungen zu nennen sind (vgl. Schenk 2002: 357-359).

Zwischen zentralen Meinungsführern und peripheren ‚Marginalen' besteht eine Arbeitsteilung. Erstere sind für den vertikalen Einfluss in der Gruppe zuständig. Zwischen den ‚Marginalen' der Cliquen verläuft der Informationsfluss horizontal. Die Zweistufenflusshypothese muss daher um die Brückenkommunikation, eine weitere persönliche Informationsquelle, erweitert werden. Das Modell bedarf einer Unterscheidung zwischen Intragruppen- und Intergruppenfluss (vgl. Schenk 2002: 359-360).

Abbildung 7: Brückenkommunikation. Hypothetisches Netzwerk interpersonaler Kommunikation.

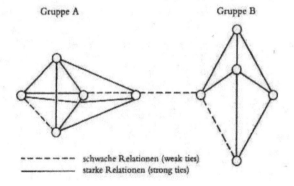

Quelle: Schenk 2002: 360.

6. Resümee und Ausblick

Die Wirkung von Medien auf die Meinungen und das Handeln von Individuen veränderte sich theoretisch und praktisch im Laufe der Zeit. Keinem Modell gelingt es vollständig zu erfassen, wie Massenmedien wirken.

Der Zweistufenfluss der Kommunikation und das Meinungsführerkonzept stellten eine wichtige Erweiterung des Stimulus-Response-Modells dar. Die Bedeutung interpersonaler Kommunikation wurde jedoch in der Folge überschätz. Der Multi-Step-Flow und andere Modifikationen machten deutlich, dass menschliche Beziehungen differenziert zu betrachten sind und sich Menschen nicht einfach in Kategorien einsortieren lassen.

Die Netzwerktheorie kann durch die vollständige Beschreibung menschlicher Systeme differenzierte Aussagen über Kommunikationsprozesse machen. Die von der Diffusionstheorie mit ihrer individuums-zentrierten Perspektive vernachlässigten Strukturen werden erfasst. Dieser Ansatz löst sich von der Idee hierarchischer Beeinflussung und geht stärker auf die zunehmende Komplexität der Gesellschaft, Stichwort Globalisierung, ein. Netzwerkanalysen sind jedoch keine Theorie im strikten Sinn, sondern ein heuristisches Instrument zur Erfassung von Relationen (Dowding/ King 2003: 1-3).

Es liegt in der Natur der Theorien mittlerer Reichweite nur begrenzte Zeit zu gelten. Heute muss den Medien wieder eine starke Wirkung zugesprochen werden. Elisabeth Noelle-Neumanns „Theorie der Schweigespirale" verdeutlicht den starken Einfluss der öffentlichen auf die persönliche Meinung. Heutzutage konstruieren vor allem Medien wie Fernsehen und das World Wide Web die vorherrschende Meinung.

Die Medienwirkung verändert sich selber. Massenmediale Kommunikation beeinflusst die Rezipienten, die durch interpersonale Kommunikation wiederum Einfluss auf die Gesellschaft ausüben. Die gesellschaftlichen Veränderungen bewirken veränderte Wirkungsbedingungen. Dies ist für die Messung der Wirkung problematisch, zumindest wenn man unbegrenzt gültige Theorien aufstellen will. Die Wirkungsbedingungen verändern sich insofern, als dass sich einerseits das Bewusstsein der Rezipienten ändert (schon Kleinkinder nutzen Computer), andererseits ändert sich das Kommunikationsverhalten. Es werden mehr Medien genutzt. Damit steigt auch deren Einfluss.

Diesen Prozessen wurde durch ein verändertes Menschenbild der Soziologie Rechnung getragen. Die sozialen Strukturen determinieren heute nicht mehr das individuelle Handeln. Vielmehr sind die Menschen Einzelkämpfer, die nach der persönlichen Nutzenmaximierung streben (vgl. Braun 1999: 33-41). Das ursprüngliche Meinungsführerkonzept ist nur noch für wenige Mensche gültig. Familienstrukturen lösen sich auf, Liebesbeziehungen sind kurzfristiger und Menschen müssen flexibel sein. Gleichzeitig werden Medien heute stärker genutzt werden (Informations- und Wissensgesellschaft) und sie dienen immer mehr der Freizeitbeschäftigung. Virtuelle Meinungsführer werden so immer wichtiger. Die Werbung macht sich das zunutze, in dem sie Prominente für Kampagnen engagiert. Politiker liefern sich Fernsehduelle.

Auch innerhalb der Medien gibt es Meinungsführer. Sie zeichnen sich durch die ihnen vom Rezipienten zugesprochene Glaubwürdigkeit aus. Das hervorragende gesellschaftliche Wirkungspotential von ARD und ZDF bestätigte die Rezeption der Berichterstattung zu den Anschlägen des 11. September 2001. „Gerade in akuten gesellschaftlichen Krisensituationen vertrauen viele Rezipienten - auch diejenigen, die sonst privaten Sendern zuneigen - den öffentlich-rechtlichen Anstalten ..." (Hafez/ Richter 2007). ARD und ZDF definieren sich selbst als Vorbildmedien. Ihre Medienagenda beeinflusst die Arbeit anderer Sender und Medien. Am Beispiel der Islam-Berichterstattung wiesen die Kommunikationswissenschaftler(innen) Kai Hafez und Carola Richter nach, welche Folgen die einseitige Berichterstattung hat. Statt gemäß ihres Auftrags laut Rundfunkstaatsvertrag neutral zu berichten, setzen sie populäre Themen des Bereichs, wie den islamischen Terrorismus, Gewalt gegen Frauen, religiöse Intoleranz auf ihre Medienagenda. Dass der autoritäre Staat Ursache für die politische Gewalt in der islamischen Welt ist, ist durch die vergleichende Konfliktforschung bestätigt worden. Dies wird in der Berichterstattung, wenn überhaupt, nur am Rande erwähnt. Diesem Muster folgen auch alle anderen etablierten Fernsehsender (vgl. Hafez/ Richter 2007).

Interpersonale Kommunikation bleibt trotz starker Massenmedienwirkung wichtig und wird von den Massenmedien genutzt. Zeitungen „vernetzen" sich über Leserbriefe mit den Konsumenten. Hörfunk und Fernsehen werten die zahlreichen Reaktionen aus. „Mitmachsendungen" werden gezielt etabliert, um die Bindung zum Zuschauer/ Hörer zu festigen (vgl. Chill/ Meyn 2007). Massenmedien haben die enorme Wirkung horizontaler wechselseitiger Kommunikation erkannt.

Internetforen, -chats, -blogs, sowie die ,social sofware' Web 2.0 machen das Internet zu einem sozialen Netz. Zahlreiche Web 2.0 basierte Netzwerkplattformen, wie das studiVZ, ermöglichen es den Mitgliedern u.a., ein persönliches Profil anzulegen und nach anderen Mitgliedern mit gleichen Interessen oder Problemen zu suchen. Heutzutage kann Medienwirkung nicht mehr nur auf interpersonale und massenmediale Kommunikation hin untersucht werden. Die computervermittelte Kommunikation ist besonders für junge Menschen heute der wichtigste Informations- und Meinungsbildungskanal. Diese Bedeutung wird sich wohl noch verstärken.

Literaturverzeichnis:

1. Bonfadelli, Heinz (2004): Medienwirkungsforschung I. Grundlagen. Konstanz: UVK Verlagsgesellschaft.

2. Braun, Dietmar (1999): Theorien rationalen Handelns in der Politikwissenschaft. Eine kritische Einführung. Opladen: Leske+Budrich.

3. Chill, Hanni/ Meyn, Hermann (2007): Wirkung der Medien. http://www.bpb.de/publikationen/07485476851957751290460634362276,1,0,W irkungen_der_Medien.html#art1 (12.08.2007).

4. Deutsche Gesellschaft für Publizistik- und Kommunikationswissenschaft (DGPuk) (Hrsg.) (2001): Die Mediengesellschaft und ihre Wissenschaft. Herausforderungen für die Kommunikations- und Medienwissenschaft als akademische Disziplin. Selbstverständnispapier. München: DGPuk.

5. Diekmann, Andreas (2005): Empirische Sozialforschung. Grundlagen, Methoden, Anwendungen. Hamburg: Rowohlt Taschenbuch Verlag.

6. Donsbach, Wolfgang (1991): Medienwirkung trotz Selektivität. Einflußfaktoren auf die Zuwendung zu Medieninhalten. Köln, Weimar, Wien: Böhlau-Verlag.

7. Dowding, Keith/ King, Desmond (2003): Preferences, institutions, and rational choice. Oxford u.a.: Clarendon Press.

8. Eisenstein, Cornelia (1994): Meinungsbildung in der Mediengesellschaft – Eine theoretische und empirische Analyse zum Multi-Step-Flow of Communication. Opladen: Westdeutscher Verlag.

9. Hafez, Kai/ Richter, Carola (2007): Das Islambild von ARD und ZDF. http://www.bpb.de/publikationen/BSF019,2,0,Das_Islambild_von_ARD_und_Z DF.html (12.08.2007).

10. Jäckel, Michael (2002): Medienwirkungen. Ein Studienbuch zur Einführung. Opladen: Westdeutscher Verlag.

11. Lazarsfeld, Paul F./ Berelson, Bernhard/ Gaudet, Hazel (1969): Wahlen und Wähler. Soziologie des Wahlverhaltens. Neuwied, Berlin: Hermann Luchterhand.

12. Lerche, Clemens (2007): Spannungsfelder der Wissensgesellschaft. http://www.bpb.de/themen/052182,0,0,Spannungsfelder_der_Wissensgesellscha ft.html (12.08.2007).

13. Merten, Klaus/ Schmidt, Siegfried J./ Weischenberg, Siegfried (Hrsg.) (1994): Die Wirklichkeit der Medien: eine Einführung in die Kommunikationswissenschaft. Opladen: Westdeutscher Verlag.

14. Schenk, Michael (2002): Medienwirkungsforschung. Tübingen: Mohr Siebeck.

15. Troldahl, Verling C./ Van Dam, Robert (1965): Face-to-Face Communication about Major Topics in the News. In: Public Opinion Quarterly, Volium 29, S. 626-634.

Lightning Source UK Ltd.
Milton Keynes UK
UKHW010713030521
383048UK00003B/453